Patrizia de Rachewiltz

ÜBERTRETUNGEN

Patrizia de Rachewiltz

ÜBERTRETUNGEN

Gedichte

Englisch | Deutsch

Übersetzung und Nachwort
von Walter Baumann

EDITION
Noack
Block

Umschlagabbildung: Patrizia de Rachewiltz © Walter Baumann

Diese Sammlung wurde ursprünglich auf Englisch unter dem Titel *Trespassing* von Patrizia de Rachewiltz als Band 2 der Schriftenreihe des Ezra Pound Center for Literature der University of New Orleans in New Orleans, Louisiana, USA 70148, veröffentlicht. Copyright © 2011 by UNO Press. Das Buch wurde von John Gery, dem Herausgeber der Schriftenreihe des EPCL, lektoriert. In einer dem Buch beigefügten Notiz schrieb die Autorin: „Diese Gedichte wurden auf Papierschnipsel geschrieben, die lange Zeit verschollen waren und dann in alten Schubladen oder zwischen Stapeln von Papierkram wiedergefunden wurden. John Gery bot an, sie durchzusehen und geringfügig zu ändern, wo es ihm geboten schien. Ich bin ihm sehr dankbar für die Zeit, die er dieser Arbeit gewidmet hat. Wie der Titel *Trespassing* andeutet, habe ich lange gezögert, sie aus dem Verborgenen hervorzuholen, doch gleich einem Sirenengesang flehten sie darum, befreit zu werden."

ISBN 978-3-86813-108-6

Herstellung durch Edition Noack & Block
in der Frank & Timme GmbH,
Wittelsbacherstraße 27a, 10707 Berlin.
Printed in Germany.
Gedruckt auf säurefreiem, alterungsbeständigem Papier.

www.noack-block.de

I. THE PRINCESS OF CRUMBS

I. DIE KRÜMELPRINZESSIN

THE PRINCESS OF CRUMBS

The house in the calle
held sixty people,
        in the evening glow…
a Poet in the cusp of time,
old faces behind shutters
                mesmerized.
Leaning against the warm wall,
we the keepers
        of pomegranate sunsets.
The birds flew high, looping
circles
                in the kindling light.
For the cravings of the heart,
a coming home,
                        as memories
dwindled away,
the calle empty of shadows,
                                gone,
the long figure with the cane.
And the princess
                with leftover crumbs
in the small of her hand,
                        tiny morsels
to feed voracious dreams.

DIE KRÜMELPRINZESSIN

Das Haus in der Calle
fasste sechzig Personen,
        im Abendlicht …
ein Dichter an der Zeitenwende,
alte Gesichter hinter Fensterläden
                hypnotisiert.
An die warme Mauer gelehnt,
wir die Hüter
        der Granatapfelsonnenuntergänge.
Die Vögel flogen hoch, zogen
Kreise
        im aufflammenden Licht.
Für die Gelüste des Herzens,
eine Heimkehr,
                jetzt wo Erinnerungen
dahinschwinden,
die Calle ohne Schatten,
                        vorbei,
die lange Gestalt mit seinem Stock.
Und die Prinzessin
        mit zurückbleibenden Krümel
in der hohlen Hand,
                        winzige Bissen
zum Abspeisen unersättlicher Träume.

TO KNOW YOU

Loose rocks
balanced—the green world,
my bare feet stinging on the cold grit—
peeled off

my flesh from bone,
dead white.
I can be your ghost or shadow.

I can be a walking miracle,
my face flat
against the greenness of ferns,

my mind a rock,
a troll, in a million of filaments.
My arms shred the sky,
nursing it to stillness,

and I dig a small hole to bury myself
under a cross of twigs: here lies misery. Wind
grumbles,
cathedrals born on wind.

The taste of root,
of earth,
on cracked lips.
This way only can I say I know you,

DICH ZU KENNEN

Loses Gestein
ausbalanciert – die grüne Welt,
meine baren Füße tun mir weh auf dem kalten Grit –
abgezogen

mein Fleisch von den Knochen,
völlig weiß.
Ich bin wohl dein Geist oder Schatten.

Ich bin wohl ein Wunder auf Wanderschaft,
das Gesicht flach
gegen das Grün der Farne,

mein Geist ein Fels,
ein Kobold, aus Millionen von Fäden.
Meine Arme zerzausen den Himmel,
wiegen ihn zur Ruh,

und ich mach ein kleines Loch um mich zu begraben
unter einem Kreuz aus Zweigen: hier ruht das Elend. Der Wind murrt,
vom Wind verwehte Kathedralen.

Der Geschmack der Wurzel,
der Erde,
auf rissigen Lippen.
Nur so kann ich sagen ich kenne dich,

the howling of a moon-hit wolf,
your fog-draped heart.
A beggar

with your worn leather pouch
tied at your waist,
your heavy foot on my mound
crushing

my lungs, hunger for bliss,
I forget—
seared to your flesh—
that misery is better than nothing.

das Heulen eines Wolfs im Mondlicht,
dein vernebeltes Herz.
Ein Bettler

mit deinem verschlissenen Lederbeutel
am Gürtel,
dein schwerer Fuß auf mir
zerquetscht

meine Lungen, meinen Hunger nach Seligkeit,
ich vergesse –
an dein Fleisch gebraten –
dass das Elend doch noch besser ist als nichts.

ANONYMOUS VENETIAN

The green, yet the green of you,
grows darker, stilled
blackberry dew and water.
The green breaks the surface

and the twilight screams:
The you, the green, the water.
Then the red, within the red, the deep
ripe juicy red of you.

Like sap of leaf it seeps through
your throat, old splendours
sealed in sirih red.
Hush, but hear and hear,

a slow regatta dyes the dark—
anonymous, liquefied time.
Your boat
a lantern for the dead lilacs,

and through all the air
the you, the winged, the feathered:
May we rise together—
we borrowers of deep scars.

ANONYMER VENEZIANER

Das Grün, ja das Grün von dir,
wird dunkler, wird zu
Brombeertau und Wasser.
Das Grün durchbricht die Oberfläche

und das Zwielicht schreit:
Das Du, das Grün, das Wasser.
Dann das Rot, im Roten, das tiefe
reife saftige Rot von dir.

Wie der Saft im Blatt sickert es durch
deine Kehle, alte Herrlichkeit
verpackt in Sirih-Rot.
Sei still, doch hör zu.

eine langsame Regatta färbt das Dunkle –
anonyme, verflüssigte Zeit.
Dein Boot
eine Lampe für den welken Flieder.

und durch alle Luft
du, der Beflügelte, der Gefiederte:
Können wir zusammen auffliegen –
wir die Entleiher tiefer Narben.

EACH TIME I MOVE

through your walls I move
closer to your womb-webbed island,
the grind of color and bone rubbed down
to a line in the shore

Dim cool moons stream upwards
waiting, all the hours before spring
waiting
to tear apart
the warm cocoon husks around each other

in the limbo where fugitives turn

I light
green candles in the night
lacking eternity

JEDES MAL WENN ICH MICH BEWEGE

durch deine Mauern komme ich
näher an deine schoßförmige Insel,
wo zermahlte Farb- und Knochensplitter
eine Strandlinie bilden

Schwache kühle Monde fließen aufwärts
und warten zu jeder Stunde vor dem Frühling
warten
auf das Zerreißen
der warmen Kokonhülle um uns herum

im Limbo wo Flüchtige sich hinwenden

Ich zünde
nachts grüne Kerzen an
aus Mangel an Ewigkeit

THE OTHER WOMAN

Radiant
as if granted a wish,
her white hands unfolding,
caught in the eerie light,
where whispers dwell in the corners
in the stillness
of her sanctuary,
she holds her face, unmasked,
her other self cupped in her hand.

The other woman takes her,
their eyes alike, their fingers locked.
Somewhere from the stilled air
come signs unveiled.
She is the wing, she the sound
from the golden bow.
Eyes wide open,
there is no other self than the purer side of her.

DIE ANDERE

Strahlend
wie wenn ihr ein Wunsch erfüllt worden wäre,
entfaltet sie ihre weißen Hände,
erfasst von unheimlichem Licht,
wo in den Ecken geflüstert wird
in der Stille
ihres Zufluchtsorts,
hält sie ihr Gesicht, ohne Maske,
ihr andres Selbst bedecken ihre Hände.

Die andere Frau fasst sie an,
ihre Augen gleichen sich, ihre Finger halten sich.
Von irgendwo aus der stillen Luft
kommen enthüllte Signale.
Sie ist der Flügel, sie ist der Ton
ihres goldenen Zweigs.
Die Augen ganz offen,
es gibt kein andres Selbst als die reinere Seite von ihr.

ON MY KNEES

The light is green and soft:
I break from the dream
and separate the seed
from its tender stalk,
daring spring, by woman's touch,

to hold the wave of golden
hair against my face
and bring me to my knees
like a Muslim at dawn
against the sighing wall

until the silver moon calls again.

AUF MEINEN KNIEN

Das Licht ist grün und weich:
Ich entkomme dem Traum
und trenne den Samen
vom zarten Stiel,
den Frühling herausfordernd, mit dem Gespür einer Frau,

ich halte den Schopf der goldenen
Haare gegen mein Gesicht
und falle auf die Knie
wie ein Muslim bei Sonnenaufgang
gegen die Klagemauer

bis der Silbermond wiederkehrt.

MY ROOM

My room is full of wonders,
My mind full of webs.
The cocoon is stuck
between two beams.
Then the miracle:
A sudden burst of colours
So that after the shedding
First comes bliss.

MEIN ZIMMER

Mein Zimmer ist voller Wunder,
Mein Hirn voller Gespinste.
Der Kokon steckt fest
zwischen zwei Balken.
Dann das Wunder:
Ein plötzliches Ausgießen von Farben
Sodass nach dem Ausguss
Zuerst Glückseligkeit aufkommt.

THE COLOUR OF PEARL

Old with time
The curtains are as stitched and mended,
As my face,
No strength to pull them
Down and draw new patterns
On each stain.
When it rains they fill up like sails, carrying me onward.

The plant is
Luscious and glad. I bathe it in water
And milk
And the promise of a sunnier day.
I cannot grow
Lavender outside
My window; I have memories instead of a view.

I barely
Touch the surface.
Strong roots pull at my feet.
I know the bottom.
It is what I fear. I have known it, I do not fear it.
I catch its radiance
And hold out my hand—not to bend
Like a willow.

DIE FARBE DER PERLE

Alt an Jahren
Sind die Vorhänge zusammengenäht und geflickt,
Wie mein Gesicht,
Keine Kraft sie abzunehmen
Und neue Muster zu entwerfen
Über jeden Fleck.
Wenn es regnet füllen sie sich wie Segel und tragen mich fort.

Die Pflanze ist
Üppig und froh. Ich bade sie in Wasser
Und Milch
Und dem Versprechen auf sonnigere Tage.
Es wächst mir kein
Lavendel
Vor dem Fenster: Ich habe Erinnerungen statt einer Aussicht.

Kaum
Kenn ich's oberflächlich.
Kräftige Wurzeln ziehen an meinen Füßen.
Ich kenne den Abgrund.
Er ist's den ich fürchte. Ich hab ihn erfahren. Ich fürchte ihn nicht.
Ich erhasche den Glanz
Und strecke meine Hand aus – um mich nicht beugen zu müssen
Wie ein Weidenbaum.

Shall I bring you
The sound of the wave?
It sleeps in me,
Feathery,
An abandoned cry
Looping and spiralling, melting
Slowly
Beyond the breakwater
as I wake and fight for air.

I am all washed out:
The color of pearl. Over the mirror
I hang sheets.
The night crackles with its bony face, while
The cat
Seeming to see,
Wishing to eat the green edges,
With its almond eyes contemplates the world.

Soll ich dir bringen
Den Klang einer Welle?
Er schläft in mir,
Gefiedert,
Ein verlassener Schrei
Kreisend und kletternd, schmelzend
Langsam
Jenseits des Wellenbrechers
wie ich erwache und nach Luft schnappe.

Ich bin ganz schlapp:
Die Farbe der Perle. Über den Spiegel
Hänge ich Leintücher.
Die Nacht knistert mit ihrem knochigen Gesicht, während
Die Katze
Es zu sehen scheint,
Möchte die grünen Ränder fressen,
Mit ihren Mandelaugen betrachtet sie die Welt.

NUMINOUS NIGHTSHADE

High turrets in my dream
The poet of Salamaca
in the sea-shelled house
Isabella de Castile's daughter
Joana la loca
rode on her horse balanced
on one thigh
and I
fell over the cliff as my horse tripped
waking 300 years later
into another life.
What are the ways of the wind?
The poisonous thorns
a bee's sting
or the bite of a red brown copperhead?
"Miao" was their nickname
three ancient coins
"bloody tears flow" (Confucius)
Ken above
K'AN below
One should not persist in this!
A whiteness
more pure than cloud
to broaden the mind
in a myriad of petals blooming.
Did you say 'love is dancing'?
If stranded on an island
would you eat me
or shake coconut trees to feed me?

NUMINOSER NACHTSCHATTEN

Hohe Türme in meinem Traum
Der Dichter von Salamanca
          im muschelbedeckten Haus
Isabella de Castiles Tochter
        Joana la loca
ritt ihr Pferd und lenkte es
mit einem Schenkel
und ich
stürzte hinab ins Meer als mein Pferd strauchelte
und erwachte erst 300 Jahre später
          in einem anderen Leben.
Was sind die Allüren des Winds?
Die giftigen Stacheln
          ein Bienenstich
oder der Biss einer rotbraunen Kupferkopfschlange?
„Miau" war ihr Spitzname
          drei alte Münzen
„blutige Tränen fließen" (Konfuzius)
             Ken oben
             K'AN unten
Man sollte nicht dabei bleiben!
                 Ein Weiß
reiner als das der Wolken
seinen Geist erweitern
          in einer Unzahl von Blütenblättern.
Sagtest du ‚lieben ist tanzen'?
Wenn du auf einer Insel gestrandet wärest
würdest du mich fressen
      oder Kokosnussbäume schütteln um mich zu ernähren?

A strong pillared cathedral
in Hieronymus bois le duc,
a fence around it to warn drunken men
from pissing in the corners.
Home may not be a haven anymore,
knows the cat with yellow eyes
or the white rabbit on the balcony,
concrete instead of a meadow
in the dream again
swallowed by a pink-bellied trout
slowly, as the snake swallows its prey
craving a soliloquy,
to reach numinous grace
the tortuous twists of the mind,
the convoluted heart.
Tell me now, where is your promised temple?
I am still climbing…

Eine Kathedrale mit vielen Pfeilern
in Hieronymus bois le duc,
ein Zaum rundherum um die Betrunkenen davon abzuhalten
in die Ecken zu pissen.
Die Heimat mag kein sicherer Hafen mehr sein,
weiß die Katze mit gelben Augen
oder der weiße Hase auf dem Balkon,
Beton statt einer Wiese
im Traum wiederum
geschluckt von einer Forelle mit Rosabauch
langsam, wie die Schlange ihre Beute verschluckt
begierig auf einen Monolog,
um numinose Gnade zu finden
die verzwickten Ränke des Geistes.
das verwickelte Herz.
Sag mir nun, wo ist dein versprochener Tempel?
Ich bin noch immer am Aufstieg …

II. RADIANT THRESHOLDS

II. LEUCHTENDE TÜRSCHWELLEN

BARBL, WHO KNEW ME

Hair snow-white, rosy
cheeks—
she held me
newborn,

when the castle doors
were still unhinged
and the wind
blew fierce—

proud of her old age,
with a small kerchief
balled
in her hand,

the same hand
that held me
once
on her tiny bosom.

BARBL, DIE MICH KANNTE

Die Haare schneeweiß, rosarot
die Wangen –
sie hielt mich
neugeboren,

als die Türen im Schloss
noch immer aus den Angeln waren
und der Wind
heftig blies –

stolz auf ihr hohes Alter,
mit einem kleinen Tuch
geballt
in der Hand,

die gleiche Hand
die mich hielt
einmal
an ihren kleinen Busen.

MADRIGAL

For our father's fathers
and their antique spirits,
we travelled, facing each other,
to Salamanca.

Centuries of quiet alabaster
tear-tongued in my throat.
The running bull, the insulting fear.
But you looked on,
whereas I died, my ear cut off,
dragged by the tail from the crowds,
my life cut short
among the cheers.

How could I tell you
I left my ear in Salamanca?
Your laughter and your sneer
will follow me elsewhere,
and small by small
I'll lose my limbs.
The last to go
will be the chain around my neck
dug up centuries after
and a log-book
neatly noted: date unclear.

MADRIGAL

Wegen dem Vater unserer Väter
und ihrem antiken Geist
reisten wir, einander gegenübersitzend,
nach Salamanca.

Jahrhunderte von stillem Alabaster
Tränen auf der Zunge und in der Kehle.
Der Ansturm des Stiers die beschämende Angst.
Aber du sahst zu,
während ich starb, mit abgeschnittenem Ohr,
am Schwanz gezogen aus der Menge,
mein Leben jäh zunichte
unter den Jubelrufen.

Wie könnte ich dir sagen
dass ich mein Ohr verlor in Salamanca?
Dein Lachen und dein Hohn
werden mir überallhin folgen,
und nach und nach
verliere ich meine Gliedmaßen.
Das letzte
wird die Kette um meinen Hals sein
ausgegraben Jahrhunderte später
und in einem Protokoll
schön sauber vermerkt: Datum unklar.

CANTO

You are the ring in the tree,
the shadowed brow, the hard resin.
From your lilied ancestry seeps the sap
as it grows, filled with the pomegranate.
Limpid tender root anchored in the lake,
braided hair in your sleep—
in one single bough of time
two boughs. The whim against blinds and beams
has given way to the night of the mountain.
Against you hurled an infrequent rival,
a succession of sunsets.

The Canto goes on consuming sky,
its vale of tears inherited.
Poets die prisoners
but not the dawn.
Tree trunk Brancusian becomes light
and the bird is looking for you.
Not many flowers I picked but oceans,
to me as, slender plumed swallow,
you gave way to wings and a solid perch.

At last the light diffuses my first wails,
and I listen to the sighing of the wind.
Transparent tree,
our home has radiant thresholds.
I seek beyond time and find there
peace,
as your voice sings to me.

CANTO

Du bist der Ring im Baum,
die überschattende Kuppe, das harte Harz.
Von deinen blumigen Ahnen sickert der Saft
Wenn er wächst, voll von Granatäpfeln.
Helle zarte Wurzel verankert im See,
geflochtenes Haar in deinem Schlaf –
in einem einzelnen Ast der Zeit
zwei Äste. Der Spleen gegen Vorhänge und Balken
hat der Nacht der Berge Platz gemacht.
Wogegen du einen seltenen Rivalen schleuderst,
eine Reihe von Sonnenuntergängen.

Der Canto fährt fort den Himmel zu verschlingen,
sein Jammertal ist vererbt.
Dichter sterben als Gefangene
Aber nicht das Morgengrauen.
Brancusis Baumstrunk wird zu Licht
und der Vogel ist auf der Suche nach dir.
Nicht viele Blumen pflückte ich aber Ozeane,
für mich, schlank gefiederte Schwalbe,
wichst du auf Flügel aus und eine feste Stange.

Endlich verbreitet das Licht meine ersten Klagen,
und ich höre dem Seufzen des Windes zu.
Durchsichtiger Baum,
unser Haus hat leuchtende Türschwellen.
Ich suche außerhalb der Zeit und finde dort
Frieden,
indes deine Stimme für mich singt.

YOUR POEM

Letter from my mother…
            my father moved through depths of light…
my father moved through grief and joy…

said e. e. cummings, now your poem
            has just arrived
to extend paradise.

DEIN GEDICHT

Brief von meiner Mutter …
        mein Vater zog durch die Tiefen des Lichts …
mein Vater zog durch Freud und Leid …

e. e. cummings sagte, jetzt ist dein Gedicht
        eben angekommen
zum Verlängern des Paradieses.

QUIETER AGAIN

for my mother

You are quieter again, the valley
at your feet in the morning,
and the first bird darts
across your face.

Stone upon stone, pile up
the year of solid walls,
to split the strain
of many lives.

In the wind your melancholy
dances still, while
the cherry sap pours
through your fingers.

The vastness of sky in your eyes,
an infinite
succession of antique verses,
renews itself

in your soul, wrapped with care
by heedless winds
and the green of time, The cross
of roses

WIEDER RUHIGER

Für meine Mutter

Du bist wieder ruhiger, das Tal
zu deinen Füßen am Morgen,
und der erste Vogel flitzt
an deinem Gesicht vorbei.

Stein auf Stein, fest gemauert
in Jahren zu soliden Wänden,
um den Stress zu halbieren
in vielen Leben.

Im Wind tanzt deine Schwermut
noch immer, während
der Kirschensaft
durch deine Finger rinnt.

Die Weite des Himmels in deinen Augen,
eine unendliche
Reihe antiker Verse,
erneuert sich

in deiner Seele, sorgsam verpackt
vor den achtlosen Winden
und dem Grün der Zeit, das Kreuz
der Rosen

stands out on the slope, as you return
to the womb where the slow
river speaks of the dear poet.
The cricket

looks out for you in summer sleep
to love you;
the strength of remembering
                    lies in starting all over.

sticht hervor am Abhang, wenn du zurückgehst
in den Schoss wo der langsame
Fluss vom lieben Dichter spricht.
Die Grille

spürt dich auf im Sommerschlaf
um dich zu lieben;
die Kraft des Erinnerns
                    liegt im Nochmals-Anfangen.

THE BEACHES OF AGAMI

for my father

Awakened by the myth of the angry god,
out on the shores you heard the sea call.

I see your footprints in the sand.
My bed was empty and now
you are running along the shore before light.

The Sea of Agami drowns women
for their sins.
You see me
coiled in the spiral, fragile,
even in something so fluid and green,
no god, no sacrifice to the angry sea.
You taught me how to please a man, that
is what a woman is for
and what moon more splendid,
what fragrance!
a light and a look at the growing—

My mind smiles in the mirror, the white
beaches have softened my skin,
and I kneel like a rabbit
and stretch my arms upward.
I might die and the softness go away
without my finding out what love is –

(From father to daughter, a gift.
The plane swayed towards Egypt.)

DIE STRÄNDE VON AGAMI

für meinen Vater

Geweckt vom Mythos des zornigen Gotts,
hörtest du am Ufer den Ruf des Meeres.

Ich sehe deine Fußabdrücke im Sand.
Mein Bett war leer und jetzt
rennst du am Ufer entlang vor Tagesanbruch.

Das Meer von Agami verschlingt Frauen
ihrer Sünden wegen.
Du siehst mich
zur Spirale gerollt, zerbrechlich,
selbst in etwas so Flüssigem und Grünem,
kein Gott, keine Opfergabe an das zornige Meer.
Du lehrtest mich wie man einem Mann gefällt, das
ist wofür eine Frau da ist
und was für ein Mond ist herrlicher,
welcher Duft!
ein Licht und ein Blick auf das Wachsende –

Mein Geist lächelt in den Spiegel, die weißen
Strände haben meine Haut weicher gemacht,
und ich knie wie ein Hase
und strecke meine Arme in die Höhe.
Ich könnte sterben und das Weiche würde verschwinden
ohne zu wissen was Liebe ist –

(Vom Vater an die Tochter, ein Geschenk.
Das Flugzeug wackelte Richtung Ägypten.)

GHOSTS

All night the ghosts spoke to me:
I roamed through the house on bare feet,
the night crushed against the panes,
faces white and glaring, spilling light,
singing, moaning, dancing slow dances.
Take me into your world, I asked,
I am not fit for living.
The cat watched me with green eyes.
She could see the dancers clearly,
maybe grey cats jumping in the air,
and babies stillborn.

No more corners in my heart,
no more thresholds,
nor patterns that can't be broken.
To be a fitting gift for those slow dancers
I make myself light, frigid and cold,
embracing the hollow air.
The despair entangled in my hair
may well then leave me, and the solitude
which I keep making
forsake its claws at my flexing jaws—

to be an angel before my time
with a crown of daisies and vines
between my toes, with the light
on my body set apart from the cold,
and not to be afraid anymore.

GEISTER

Die ganze Nacht sprachen Geister zu mir:
ich lief barfuß im Haus herum,
die Nacht drückte gegen die Fensterscheiben,
Gesichter weiß und grell, Licht ausschüttend,
sangen, stöhnten, tanzten langsame Tänze.
Nehmt mich auf in eure Welt, bat ich,
Ich tauge nicht fürs Leben.
Die Katze sah mich mit grünen Augen an.
Sie konnte die Tänzer deutlich sehen,
vielleicht graue Katzen springend durch die Luft,
und totgeborene Kinder.

Kein Winkel mehr in meinem Herzen,
keine Türschwellen,
auch keine Muster die nicht durchbrochen werden können.
Als passendes Geschenk für die langsamen Tänzer
mache ich mich leicht, frigid und kalt,
umarme die hohle Luft.
Die in meinen Haaren verfangene Verzweiflung
kann mich dann wohl verlassen, und die Einsamkeit
die ich immer wieder erzeuge
zieht ihre Klauen weg von meinen zitternden Kiefern –

ein Engel zu sein vor meiner Zeit
mit einer Krone aus Gänseblümchen und Weinlaub
zwischen den Zehen, mit dem Licht
auf dem Körper weg von der Kälte,
und keine Angst mehr zu haben.

III. DAY AFTER DAY

III. TAG FÜR TAG

ANOTHER DAWN

Another way of praying,
autumn weary—with birds,
God's finger to his lips.
Still,
the quietness—
the governed soul grows
in the nine mansions of Avila,
a fountain built near the source.
Mirrored shards
wedged in her broken world:
One shard
is her birth mountain
saved by cross and grind,
expanding in honour and toil.
One shard
on a shore in a pharaoh's land,
a rifle to her head,
where a father was led
by her footprints in the sand
to the vortex
of the wave dying.

EINE ANDERE DÄMMERUNG

Eine andere Art zu beten,
herbstmüde – mit Vögeln,
Gottes Finger an seinen Lippen.
Ruhe,
die Stille –
die beherrschte Seele wächst
in den neun Villen von Avila,
ein Brunnen errichtet nah bei der Quelle.
Gespiegelte Scherben
verkeilt in ihre zerbrochene Welt:
Eine Scherbe
ist ihr Geburtsberg
gerettet durch Kreuzen und Schleifen,
erweitert in Ehren und Mühsal.
Eine Scherbe
am Ufer eines Pharaonenreichs,
eine Schusswaffe an ihrem Kopf,
wohin ein Vater geleitet wurde
durch ihre Fußabdrücke im Sand
im Strudel
der auslaufenden Wellen.

One shard
in an infant's throbbing little heart,
earth angels
in heaven's glow—
and one shard
in golden stone, 300 years before,
the bridle path too steep,
where she was left broken
in that deep ravine,
her last breath on her lover's lips—

The wound is open,
a bee making honey in the hive.
Her eyelids stir,
as she wakes into another dawn,
his arms still around her.

Eine Scherbe
im pochenden Herzchen eines Kleinkinds,
irdische Engel
im himmlischen Glanz –
und eine Scherbe
im goldenen Gestein, 300 Jahre früher,
der Reitweg zu steil,
wo sie zerschmettert liegen blieb
in jener tiefen Schlucht,
ihr letzter Atemzug auf den Lippen ihres Geliebten –

The Wunde ist offen,
eine Biene macht Honig im Bienenstock.
Ihre Lider bewegen sich,
während sie in eine andere Dämmerung erwacht,
mit seinen Armen immer noch um sie.

MARCH '98

I was standing in front of a vast plane:
No tree, no bush, no sound. No bird.
All that came before now laid out for me.
Wet, shiny and smooth as from a lake.
Nor the time now nor after.

Never so clean, all on its own, now made fluid:
A solitary voyage. But without a mask.
It's harder now. It shouldn't be.
Thoughts are screened, subdued, and hushed…

Another silence born, a tremor.
Around me, winged, hover the little lights.

MÄRZ '98

Ich stand vor einer riesigen Ebene:
Kein Baum, kein Busch, kein Ton. Kein Vogel.
Alles was vorher kam lag nun ausgebreitet vor mir.
Nass, glänzend und glatt wie aus einem See.
Weder die Zeit jetzt noch die nachher.

Wenn auch nie so klar, jedes für sich, jetzt verflüssigt:
Eine einsame Reise. Aber ohne eine Maske.
Es ist jetzt schwieriger. Es sollte nicht so sein.
Gedanken werden durchleuchtet, gedämpft, und
verschwiegen …
Eine neue Stille wird geboren, ein Beben.
Um mich, beflügelt, schweben die kleinen Lichter.

MAY

Tree in bloom:
            one by one
                        the petals fall
in the small
                wind
                        as I gaze
and remember
            not to suffer
                        since time
made water
              always
                        returns.

MAI

Ein Baum in der Blütezeit
eins nach dem andern
fallen die Blütenblätter
im leichten
Wind ab
wenn ich schaue
und mich ermahne
nicht zu leiden
da die Zeit
die das Wasser machte
immer
wiederkehrt.

MEETING

When I meet you
it's no matter if
            I don't see
the edge of the sea.

Like a sailboat
my mind is
            always more at ease
in open waters…

DAS TREFFEN

Wenn ich dich treffe
macht es nichts wenn
                ich den Rand
des Meeres nicht sehe.

Wie ein Segelschiff
fühlt sich mein Geist
                immer wohler
auf offener See …

JUNE '98

the moon only slightly elliptic
therefore subject to no shame
therefore infinite…

JUNI '98

der Mond nur leicht elliptisch
daher keiner Schande ausgesetzt
daher unendlich …

FROM SAPPHIRE BLUE

Days endless bring voices as of ravens
coming down the valley onto ragged stone.

I feel made darker in the brightness of the sun,
things illumined that used to turn to gold

in broadest blue, and be a part of my earlier self.
That too returns from the summer's air,

like a hallucination, come to gaze in the corner
of the eye. A sudden rolling of sea-clouds

in the sinking green, a groaning thunder past
the threatening livid beam of wonder.

VOM SAFIRBLAU

Endlose Tage bringen Stimmen wie die von Raben
die ins Tal herunterkommen auf das zerschellte Gestein.

Ich spüre dass ich dunkler werde in der Helligkeit der Sonne,
beleuchtete Dinge die früher zu Gold wurden

im weitesten Blau, und ein Teil von meinem früheren Ich.
Auch das kommt zurück mit der Sommerluft.

wie eine Halluzination, gekommen zum Starren in die Ecke
des Auges. Ein plötzliches Rollen von Meereswolken

im sinkenden Grün, ein stöhnendes Donnern durch
den bedrohlichen bleigrauen Strahl des Wunders.

OCTOBER WIND

It makes no difference, dear,
whether you sit here or there:
If I sit here and you sit
there, home is anywhere
our thoughts have roamed together.

It makes a difference, dear,
if in your dreams I hear
you call out my name or hers
when we are sleeping together
and I am left, trembling with fear.

It's so much safer, dear, if we
bear our burdens along separate
trails, alone, as all the way
from here to there
we can only rise.

OKTOBERWIND

Es ist egal, mein Schatz,
ob du hier oder dort sitzest:
Wenn ich hier sitze und du sitzest
dort, das Zuhause ist überall
unsere Gedanken sind gemeinsam umhergestreift.

Es ist nicht egal, mein Schatz,
wenn ich in deinem Träumen höre
ob du meinen Namen nennst oder ihren
wenn wir zusammen schlafen
und mir nur das Zittern vor Angst übrigbleibt.

Es ist viel sicherer, mein Schatz, wenn wir
unsere Lasten auf separaten
Pfaden tragen, allein, da der ganze Weg
von hier nach dort
nur aufwärtsgehen kann.

BENEATH A DEW

In the wearier air of November,
The old light moves from solid rock
To the weaker stones around it.
My soul could shrink into a shelter
Of leaves, rotted and fallen,
Touched by frost and a quieter dream.

In from the earth you came, to make me
A part of all things, to sing me
And shake me, ampler than the wind.
Over our bare spaces you call me in,
you, the bearer of a sky
that does not sting.

I am for you the woman in moonshine,
Bearing the scent of autumn weeds,
The pungent roots of other pasts,
Belonging to that wandering me.
A most tranquil thought, a total
Grandeur, thrills the chords.

Now the blushing sunset slides
From voluptuous mountain flanks.
The white-domed rooms forge
No regrets: a window view,
A simple desk, can still fulfil my
rose-lit world.

IM TAU

In der ermüdenderen Novemberluft,
Verschob sich das alte Licht vom festen Fels
Zu den schwächeren Steinen rund herum.
Meine geschrumpfte Seele kroch in einen Unterschlupf
Aus Blättern, verfault und gefallen,
Vom Frost mitgenommen und einem ruhigeren Traum.

Aus der Erde kamst du, um mich zu schaffen
Einen Teil aller Dinge, um zu singen für mich
Und mich zu schütteln, stärker als der Wind.
Über unsere kahlen Flächen rufst du mich heim,
du, der Träger eines Himmels
der nicht sticht.

Ich bin für dich die Frau im Mondschein,
Bringer des Dufts des Herbstunkrauts,
der scharfen Wurzeln anderer Zeiten,
die zu meinem wandernden Ich gehören.
Ein ganz stiller Gedanke, eine totale
Größe, erregt die Akkorde.

Jetzt gleitet der errötete Sonnenuntergang
Von den üppigen Berghängen.
Die Räume mit weißer Decke heucheln
Keine Reue: eine Aussicht vom Fenster,
Ein einfacher Schreibtisch, können noch immer meine
Rosa beleuchtete Welt erfüllen.

"Whose world" are we to claim as our own,
Where green leaves came and covered
Stone, where lilacs came
And bloomed so bright that out of this light
The boundaries grow larger still?
No more than a bird-nest on a wing.

„Wessen Welt“ müssen wir als die unsere beanspruchen,
Wo grüne Blätter kamen und Steine
Bedeckten, wo der Flieder kam
Und so hell blühte dass durch dieses Licht
Die Grenzen noch größer werden?
Nicht weiter als ein Vogelnest erreicht im Flug.

LEAVING THE BLACK WOUND THERE

It was growing, spreading an actual
warmth behind my mind,
a passing link
encaged by words and
tugged by time.

In winter folds I kept it
warm, tearing
thoughts to petal-
shreds whose sadness moved
each
slowly
for each tear unshed.

During those colder days
seeking ways to secure
something made, a butter-
fly in shrinking hands,
I held death
to my breast
like an amulet.

I fear some music and
my mind, waiting,
as I recall tall moons,
in the slow dance
backwards to that time
his ashes flew
into the hungry
mouths of wind.

DIE SCHWARZE WUNDE SEINLASSEN

Sie wuchs und verbreitete eine wirkliche
Wärme hinter meinem Geist,
eine vergängliche Verbindung
verschlossen in Worte und
mitgerissen von der Zeit.

In Winterpferchen hielt ich sie
warm und zerriss
Gedanken zu Blüten-
Fetzen deren Traurigkeit bewegte
jeden
langsam
für jede nichtgeweinte Träne.

Während dieser kälteren Tage
auf der Suche nach Mitteln zum Schutz
von etwas Geschaffenen, ein Schmetter-
ling in verzagenden Händen,
Ich hielt den Tod
an meine Brust
wie ein Amulett.

Ich fürchte gewisse Musik und
mein Geist wartet,
während ich mich an hohe Monde erinnere,
im langsamen Tanz
rückwärts in jene Zeit
als seine Asche
in die hungrigen
Mäuler der Winde flog.

ONLY IN DARKNESS

From the cold stone you have risen,
in a unique sound, bathed
in the slender rays of a white
winter sun.
You have shed your glorious skin
after mating stars
with purple rings. The wind-glass
has shattered all your
triumphs;
your mind has departed.
The bowl of water left outside
has frozen
and the bird has sung its song.
Only in darkness can you begrudge
those who have wronged you.

NUR IM DUNKELN

Vom kalten Stein bist du aufgestanden,
mit einmaligem Geräusch, gebadet
von den geringen Strahlen einer weißen
Wintersonne.
Du hast deine herrliche Haut abgelegt
nach der Paarung mit Sternen
mit lila Ringen. Das Wind-Glas
hat zerschmettert all deine
Triumphe;
dein Geist ist gegangen.
Das Wasser in der draußen gelassenen Schüssel
ist gefroren
und der Vogel hat sein Lied beendet.
Nur im Dunkeln kannst du dich ärgern über die
welche dir Unrecht getan haben.

WINGED

In the transmutation
reborn

you open
your

daring
wing

day
after
day
still

aspiring
to

a word:

"I
hear you!"

BEFLÜGELT

In der Verwandlung
neugeboren

öffnest du
deinen

kühnen
Flügel

Tag
für
Tag
immer noch

strebend
nach

einem Wort:

„Ich
hör dich!“

IV. TRESPASSING

IV. ÜBERTRETUNGEN

AS WE DIE

we die together
in our sleep –
5 p.m. Madrid.

As the bull in the red
we die – the love &
each barb held proudly.

Shall I wake as a seed
and you – as a bird
that sails above me?

Or have I maimed
the wing, as I aimed
at the eye to catch me?

Knowing not how deep,
I dig my teeth
into my own heart.

Still, the unleashed spirit
ties us together,
in this small space for breath.

WIE WIR STERBEN

wir sterben zusammen
in unserem Schlaf –
um fünf Uhr früh in Madrid.

Wie der Stier im Rot
sterben wir – die Liebe &
jeden Stachel stolz festhaltend.

Werde ich aufwachen als Samen
und du – als ein Vogel
der über mir schwebt?

Oder hab ich verstümmelt
den Flügel, beim Zielen
auf das Auge um mich zu fangen?

Nicht wissend wie tief,
beiße ich meine Zähne
ins eigene Herz.

Dennoch, der entfesselte Geist
knüpft uns zusammen,
in diesem kleinen Raum zum Atmen.

AN AGE AWAY

There is fear I feel whenever I write you,
more often than when, as I usually do, I speak aloud.

There are two paths at a right angle leading from
the steps to the garden. Between them stand

two plum trees wrapped about each other,
like the middle finger wrapped around the index,

their branches covering both path and steps.
No longer will I sit there telling you the tale

but will quietly ask myself, "What is it you fear?
Is it her voice when she answers? Is it her eyes

when she sees? Her anger…her smile…her tear?"
…Yes, each one but something plainer…

perhaps it's not fear at all but the simple fact
that you are not here. At times it hits me

with a sudden force, as if it had never
been understood before, as if I had woken

to find you gone.
Your letters come, as predictably as the doves –

one veers
and they all veer…

EIN ZEITALTER ENTFERNT

Es gibt eine Angst die ich jedes Mal empfinde wenn ich dir schreibe,
öfter als wenn ich, was ich üblicherweise tue, laut spreche.

Es gibt zwei Wege im rechten Winkel die von den
Stufen in den Garten führen. Zwischen ihnen stehen

zwei ineinander verstrickte Pflaumenbäume
wie wenn der Mittelfinger um den Zeigfinger gewickelt ist.

ihre Äste decken sowohl den Weg als auch die Stufen.
Nie wieder werde ich dort sitzen und dir die Geschichte erzählen

sondern werde mich in aller Ruhe fragen. „Was fürchtest du?
Ist es ihre Stimme wenn sie antwortet? Sind es ihre Augen

wenn sie schaut? Ihre Wut ... ihr Lächeln ... ihre Träne?"
... Ja, alle drei aber noch etwas Einfacheres ...

vielleicht ist es gar nicht die Angst sondern die simple Tatsache
dass du nicht hier bist. Manchmal trifft es mich

mit plötzlicher Wucht, wie wenn es vorher
nie verstanden worden wäre, wie wenn ich erwacht wäre

und du gegangen wärest.
Deine Briefe kommen, so voraussehbar wie die Tauben –

eine dreht ab
und alle drehen ab ...

ABSENCE

Mistress no more, the woman of grief,
lulled by crowns of summer leaves.
Ravenous roses in their second flush—but
no lover to leave her torn,
nor any grand finale, heaving the soul,
throbbing for more…

Down the fragrant path,
a bumble-bee crawls up a thistle head
and sails away in the drowsy air.
She might be desolate, abandoned, forlorn,
as she lies on the warm cracked stone
where they had first lain.
She is a dandelion gone to seed, long after
the harsh winds came
and shattered, like droplets of blood, the poppies' red.
She carries longings that slice her breast
and sweet swirls of torments.
Drawn by the soft light ahead
she is more than this empty shell:
A shadow tears through her
as she welcomes his absence instead.

ABWESENHEIT

Herrin nicht mehr, die Frau der Trauer,
eingelullt von den Kronen aus Sommerblättern.
Heißhungrige Rosen in ihrer zweiten Blüte – doch
kein Geliebter um sie zerrissen zurück zu lassen,
auch kein großes Finale, das die Seele erhebt
und nach mehr schmachtet …

Am duftenden Pfad nach unten
klettert eine Hummel hinauf zum Kopf einer Distel
und schwebt fort in die schläfrige Luft.
Sie mag untröstlich, im Stich gelassen, verloren sein,
wie sie auf dem warmen geborstenen Stein liegt
wo sie erstmals gelegen waren.
Sie ist ein Löwenzahn in der Samenreife, lange nachdem
die rauen Winde kamen
und das Blutstropfenrot des Mohns verwüsteten,
Sie trug Sehnsüchte die ihre Brust zerschnitten
und süße Strudel von Qualen.
Angezogen vom sanften Licht vor ihr
ist sie mehr als diese leere Schale:
Ein Schatten fährt durch sie
wenn sie stattdessen seine Abwesenheit begrüßt.

TRESPASSING

I think of how you
dream our dream
and make the shadow glow
with a red darkness.
Behind the red
I move my offerings
closer to you,
my mind kept small.
You ask me not to bring
flowers,
your barren bed
close to the window,
where flowers dot
the ragged path.
You ask me to bring
my smile only,
my soft red lips
to comfort yours.
Yet I am but a black-hooded nun
as my lips whisper rhymes
to a God I cannot see.

Ich denke daran wie du
unseren Traum träumst
und lasse den Schatten leuchten
in einer roten Dunkelheit.
Hinter dem Rot
rücke ich meine Opfergaben
näher zu dir,
wobei mein Geist klein bleibt.
Du batst mich keine
Blumen zu bringen,
dein karges Bett
nah am Fenster,
wo hie und da Blumen sind
auf dem schlechten Pfad.
Du batst mich nur mein
Lächeln zu bringen,
meine weichen roten Lippen
um deine zu trösten.
Aber ich bin nur eine Nonne mit schwarzer Haube
indes meine Lippen Reime flüstern
zu einem Gott den ich nicht sehen kann.

ETERNALLY

So close to insanity I feel
as close as I can come

to anyone but me even my
feet are on their own

scraping the grey tiles
of the waiting room.

Breathe. Don't stare. Don't
giggle. Don't chew a hundred

times. You are safe. I tell him
of the two doves. Pure-white.

One flew in the open space, the
other clung to the wall—a sign

or an answer to his question?
His eyes don't look away.

EWIGLICH

So nah dem Wahnsinn fühl ich mich
so nahe wie ich nur kommen kann

für alle sonst außer für mich sind selbst
meine Füße für sich allein

und schaben an den grauen Fliesen
im Wartezimmer.

Schnaufen. Nicht glotzen. Nicht
kichern. Nicht hundertmal

kauen. Dir geschieht nichts. Ich erzähl ihm
von den zwei Tauben. Ganz weiße.

Eine flog in der freien Luft, die
andre klammerte sich an die Mauer – ein Zeichen

oder eine Antwort auf seine Frage?
Seine Augen schauen nicht weg.

I envy the calm blue,
my head full of drafts and

banging windows, a million bits
of glass like lace around a bride's

face. Another burst of rain carries
a symbol. Open your wing-like

mouth. Speak to me. Dip from
your sky into my ruins so I can

find a way to enter light and
touch you as you draw near.

Ich beneide das stille Blau,
mein Kopf voll Zugluft und

klirrende Fenster, eine Million Glas-
Splitter wie Stickereien ums Gesicht

einer Braut. Ein weiterer Regenguss enthält
ein Symbol. Öffne deinen flügelartigen

Mund. Rede mit mir. Tauche aus
deinem Himmel in meine Trümmer sodass ich

einen Weg ins Licht finden kann und
dich berühre wenn du mir näher kommst.

THE GIANT ROOM

I hear myself crying
but I'm not.
I am walking about
like a leprechaun
in a room full of goblins
and dusk
the fire burning,

but it is fake
Schumann,
real enough,
your newspaper
rustling,
the shadow of
your foot
to hold on to.

Earlier
the sun came up
as usual
but I mentioned
marriage—
"How appalling!"
you answered,
"How banal!"

DER RIESENSAAL

Ich höre mich weinen
doch ich weine nicht.
Ich laufe herum
wie ein Leprechaun
in einem Saal voller Kobolde
und Dämmerung
mit Kaminfeuer.

aber es ist falscher
Schumann,
richtig genug,
deine Zeitung
raschelt,
der Schatten
deines Fußes
zum Anfassen.

Vorher
kam die Sonne herauf
wie üblich
aber ich erwähnte
Heirat –
„Wie entsetzlich!“
sagtest du,
„Wie banal!“

Did you need a quarrel
so much, G., oh G.?
"Are you thinking of
someone else?"
I asked and you laughed
and called me TROLLE.

Brauchtest du einen Streit
so sehr, G., oh G.?
„Denkst du an
eine andere?“
fragte ich und du lachtest
und nanntest mich einen TROLL.

A SKY NOT SEEN BY THE OTHER

Not the ripe glow alone,
the universe of your eyes I kiss,
our ritual of the small morning
hours. Waves returning, spread,
unrolled overnight.

Deeper still
I've come to know you, your pale cheek.
Like a tired whale breathing clear space ahead
you send tiny bubbles up up up
and I fall, where you let go,
where I want more.

Was it wrong from the start?
A snapshot of the past, you
standing by the window thinking sea-
bones, just to preserve your identity.
So much hell it is to go against you.

Another time,
another life really to know.

EIN VON ANDERN NICHT GESEHENER HIMMEL

Nicht allein das reife Leuchten,
das Universum deiner Augen küsse ich,
unser Ritual in den frühen Morgen-
Stunden. Wellen kehren zurück, breiten sich aus,
ausgerollt während der Nacht.

Noch tiefer
hab ich dich kennengelernt, deine blassen Wangen.
Wie ein müder Wal der atmet im klaren Raum vor ihm
schickst du winzige Blasen aus, aus, aus, aus
und ich falle, wo du aufhörst,
wo ich mehr will.

War es vom Anfang an falsch?
Ein Schnappschuss aus der Vergangenheit, du
stehst am Fenster und denkst an Knochen
im Meer, einfach zur Erhaltung deiner Identität.
So höllisch ist es gegen dich zu sein.

Ein andermal,
ein anderes Leben wirklich zu kennen.

THE WANTING

I stand, in the doorway.
The light finds its shape in the cloud,
chafed at the edges.
The geese are gone. The shrieks leave holes
in the air,
pellets of a hard substance.
Set close, the quiet dark craters of the old habits.
So peaceful here where,
left dreamless,
I rub my back, I rub
the table clean of crumbs and circled smudges.

All this giving spills like hot milk,
leaving a dark crust.
It will crack like a dry wound
reopened, the burn up the shoulder, holding
the world with tears
until all the faith
wears out. I cannot bear this giving all at once.
I am heavy with giving,
afraid part of me will get lost on the cold floor,
with shreds of me swept into corners.
I need a broom shaped for me, the famished I,
to cut myself free from my addiction:
this piercing black tattoo—this wanting,
wanting you.

DAS VERLANGEN

Ich steh bei der Tür.
Das Licht findet seine Gestalt in der Wolke,
verletzt an den Rändern.
Die Gänse sind weg. Ihr Geschrei lässt Löcher
in der Luft,
kleine Kugeln von etwas Hartem.
Nah zusammen, die stillen, dunklen Krater alter Gewohnheiten.
So friedlich wo ich
traumlos verbleibe.
Ich reibe meinen Rücken, ich wische
die Brosamen und Flecken vom Tisch.

All dieses Geben ist wie das Verschütten von heißer Milch,
und lässt eine dunkle Kruste zurück.
Sie wird platzen wie eine trockene Wunde
wieder offen, das Brennen an der Schulter, haltend
die Welt mit Tränen
bis jeder Glaube
ausgeleiert ist. Ich ertrag dieses Sofort-alles-geben nicht.
Ich trage schwer am Geben.
Fürchte, dass ein Teil von mir auf dem kalten Boden verloren geht,
mit Fetzen von mir in die Ecken gekehrt.
Ich brauch einen Besen nach meiner Form, das hungernde Ich,
um mich los zu fegen von meinen Lastern:
dieses stechende schwarze Tattoo – dieses Verlangen,
Verlangen nach dir.

V. NO WAY OUT

V. KEIN AUSWEG

A WAY OUT

In a cheap hotel where the woman stays
to flee from never ending days,
she awaits her lover, leaving the door
to her room ajar
to hear his quiet footsteps on the stairs.

But each time the front door opens
the man in number 14
calls out:
"Into the trenches!"
and she flees, as there is no way out.

EIN AUSWEG

In einem billigen Hotel in dem die Frau sich aufhält
um zu fliehen vor den nie endenden Tagen,
wartet sie auf ihren Geliebten und lässt die Tür
zu ihrem Zimmer einen Spalt offen
um seine leisen Schritte auf der Treppe zu hören.

Doch jedes Mal wenn sich die Haustür öffnet
ruft der Mann
in Zimmer 14:
„In die Schützengräben!"
und sie flieht, da es keinen Ausweg gibt.

ANGELS LOST

Down three flights men's voices
in a chorus rise upwards
to an attic with low beams
where the angels we lost
fit snug in a circle.

Our whispers hang in the warm air—
our words eluding, cracking,
choking, gliding
like nuggets
in a river's bed.

Hard pebbles in our mouths make us
falter, strenuously holding on
to the empty void
that needs to be filled.
Some breed rats,

some are afraid and toss their burdens
into a corner,
where a pious hunchbacked nun
will sweep them together,
a holy host for hungry winds.

VERLORENE ENGEL

Männerstimmen drei Stockwerke tiefer
erheben sich als Chor aufwärts
zu einem Dachboden mit niedrigen Balken
wo die Engel die wir verloren
behaglich in einen Kreis passen.

Unser Geflüster hängt in der warmen Luft –
unsere Worte weichen aus, zerbrechen,
ersticken, entgleiten
wie Goldklumpen
in einem Flussbett.

Harte Kiesel im Mund lassen uns
zögern, gewaltsam festhaltend
am leeren Nichts
das gefüllt werden muss.
Manche züchten Ratten,

einige haben Angst und schmeißen ihr Gepäck
In eine Ecke,
wo eine fromme bucklige Nonne
es zusammenwischt,
als heilige Hostie für hungrige Winde.

TEA TIME

Low across the face of the earth
old dreams walk in pairs.
The sheets are aired,
cushions fluffed,
a sky-coloured bed now shared with the cat.

The glorious waning sun cascades
from pillared windows—
irreproachable, the absence of gloom.
On winged feet, Messengers come
to the gilded room, to nibble and
mumble furry words,
a shoulder against the winter cold.
Cupping the ear with one hand,
while the other, slowly and firmly,
pours the tea.

ZEIT ZUM TEETRINKEN

Nah an der Oberfläche der Erde
gehen paarweise alte Träume.
Die Leintücher sind gelüftet
die Kissen aufgeschüttelt,
ein himmelfarbiges Bett jetzt geteilt mit der Katze.

Die herrliche sinkende Sonne ergießt sich
aus gestützten Fenstern –
einwandfrei, ohne Trübsinn.
Auf geflügelten Füßen, kommen Boten
in den vergoldeten Saal, zum Naschen und
zum Brummen von sanften Worten,
eine Schulter gegen die Winterkälte.
Mit einer Hand ums Ohr,
während die andere, langsam und sicher,
den Tee einschenkt.

VIRGINIA'S BONE PARLOUR

A torn piece of cloth covers her bones
at the bottom of a murky river,
like a flag around a sagging pole,
                                                            yet
there was beauty there, where no one could see it.

Meandering for hours, the silent wail,
once young and angry,
                                        now stepping on toes.
A man, a voice calling across the island,
always one dance step ahead
unbearably and provokingly dear.
Not meant to surrender the path to the river
that flows and forever sneers.
With curve and curl, the white knuckles of
her hands clutched at
                                        those cold prison bars.
The call of an owl in the fallen night,
the fight for bright colours,
his love, longing for abundance,
for pride.

"Paint me real, I'll tell you my story,
yet I can't free you of yours."
Lulls and falls,
uncertainties, something growing
                                        in the deep of sleep.

VIRGINIAS KNOCHENSALON

Ein zerfetztes Stück Tuch deckt ihre Knochen
auf dem Grund eines trüben Flusses,
wie eine Fahne um eine schiefe Stange,
doch
es gab dort Schönheit, wo niemand sie sehen konnte.

Stundenlag herumschlängelnd, die stumme Klage,
ehemals jung und wütend,
jetzt auf Zehenspitzen.
Ein Mann, eine Stimme rufend über die Insel,
immer einen Tanzschritt voraus
unerträglich und herausfordernd lieb.
Nicht bestimmt den Pfad dem Fluss zu überlassen
der fließt und ständig verhöhnt.
Mit Windungen und Locken, die weißen Knöchel
ihrer Hände klammern sich an
jene kalten Gefängnisstäbe.
Der Ruf einer Eule in der vergehenden Nacht,
das Ringen um helle Farben,
seine Liebe, sich nach Überfülle sehnend,
nach Stolz.

„Mal mich so wie ich bin, ich werde dir meine Geschichte erzählen,
aber ich kann dich nicht von deiner befreien."
Flauten und Stürze,
Ungewissheiten, etwas das wächst
in der Tiefe des Schlafs.

A dull sweet durance,
a frail move toward the next curve,
the straight line snapping
like a thread.
Remembering the best of peace
                                        she fills her pockets with rocks.

Eine matte süße Gefangenschaft,
eine schwache Bewegung zur nächsten Kurve,
die gerade Linie zerreißt
wie ein Faden.
An den besten Frieden denkend
füllt sie ihre Taschen mit Steinen.

POEM BROKEN INTO TWO PARTS

I

Bamboo, shells, charts—
The swell of wind
In the landscape
Of your face

Bared teeth and fists
Against your Auden wall

I break away
And fall

II

...If not,
Silence again
Repeated
In the small space we needed
Then
To be angels
Before
We lived

GEDICHT IN ZWEI TEILE ZERBROCHEN

I

Bambus, Muscheln, Seekarten –
Die Dünung des Winds
In der Landschaft
deines Gesichts

Gefletschte Zähne und Fäuste
Gegen deine Auden-Mauer

Ich breche aus
Und falle

II

… Wenn nicht,
Wieder Stille
Nochmals
Am kleinen Ort den wir brauchten
Dann
Engel zu sein
Bevor
Wir lebten

DO YOU STILL CARE?

God feels…you understood,
but “Can’t you see?” is what I asked
in the rainy felt morning.

You turned from me into your sleep.
Ours, the exhaustion, lived
anew.

The miracle of gold, cold and flesh.
As the curtain lightly moves,
your shoulder

is what I touch under the sheet.
From all the whispered
hesitations

I tremble away, and my question
flattens
against this precarious day.

KÜMMERST DU DICH NOCH?

Gott fühlt … verstehst du,
doch „Kannst du es nicht sehen?“ ist was ich fragte
am regnerisch erlebten Morgen.

Du wandtest dich weg von mir in deinen Schlaf.
Unsere, die Erschöpfung, nochmals
durchlebend.

Das Wunder von Gold, Kälte und Fleisch.
Wie sich der Vorhang leicht bewegt,
ist es deine Schulter

die ich unter dem Betttuch berühre.
Von allem geflüsterten
Zögern

zittere ich weg, und meine Frage
wird platt
im Vergleich zu diesem riskanten Tag.

THIS PAPER CAGE

Cold
the leafless bough, its spirit bending
to touch my face and fall over the old grey wall

ahead of me.
I wrap myself in a paper cage,
                                        with a wildness like pleading—
and offer assorted toes and fingers
whenever you ask me to emerge.

So I tell myself, "Life is a passing sleep
                                        but where will that waking be…?"
I watch the sun flirt and glow,
in its wintry mane,
before returning my shadow
back into the cage with me.

I know well my mountain's cold winds,
their calm and softening spell, the fields
of home.

Wearing bells, I'll paint my eyes
                                        for the journey and sing
with the only voice they gave me.

DIESER KÄFIG AUS PAPIER

Kalt
der blattlose Ast, sein Geist beugt sich
um mein Gesicht zu berühren und zu fallen über die alte
graue Mauer
vor mir.
Ich wickle mich in einen Käfig aus Papier,
mit Heftigkeit wie mit Flehen –
und biete eine Auswahl von Zehen und Fingern an
wann immer du mich bittest herauszukommen.

Also sage ich zu mir, „Das Leben ist vergehender Schlaf
doch wo wird das Erwachen sein …?"
Ich sehe wie die Sonne schäkert und glüht,
in ihrer Winterfrisur,
bevor ich meinen Schatten
mit mir ins Käfig zurücknehme.

Ich kenne die kalten Winde meines Bergs gut,
ihren stillen weichmachenden Zauber, die Felder
der Heimat.

Glocken tragend, werde ich meine Augen bemalen
für die Reise und singen
mit der einzigen Stimme die man mir gab.

UNDER THE BOUGH

Into a greater gift than words,
our silence scythes the clear evening.

I lay lavender to keep off the scorpions,
an apple against the other fruit rotting.

What candour under the bough?
The moon will wane but I can not change.

You are cleaning the fish tank, sucking out water
for a fish that belongs to no one.

I prefer the photographs on my walls
to talk to me, their stillness in time.

But before I end comes a hermit with weak hands

clenched against my sad and unused face.

UNTER DEM ZWEIG

Ein größeres Geschenk als Worte,
mäht uns die Stille am klaren Abend.

Ich lege Lavendel aus um die Skorpione fernzuhalten,
ein Apfel gegen die Fäulnis anderer Früchte.

Was für eine Offenheit unter dem Zweig?
Der Mond wird abnehmen aber ich kann mich nicht ändern.

Du säuberst das Aquarium und saugst das Wasser ab
für einen Fisch der niemandem gehört.

Ich lasse lieber meine Fotos an der Wand
zu mir sprechen, ihre Ruhe in der Zeit.

Doch bevor ich zu Ende bin kommt ein Einsiedler mit
schwachen Händen
und ballt sie gegen mein trauriges und ungebrauchtes Gesicht.

SONG OF THE SIREN

Where would we be without death,
without seeking happiness
hereafter?
It is the quiet voice that speaks,
that makes us see the stars
when there are none.

Too old to be afraid, I know now
you are less real when I can't
hold you.
I won't be a house
filled with ghosts, if I can see…
I sing you here, I sing you now,
I know now I am less real
when you are not near.

When you walk into the night,
you reach for darkness,
toward that outer love:
Let me change my eyes and be
the green at the centre.
Like a lizard that keeps its tail,
I came not knowing something
could be taken.

SIRENENGESANG

Wo wären wir ohne den Tod,
ohne die Suche nach Glück
im Jenseits?
Es ist die leise Stimme die spricht,
die uns Sterne sehen lässt
wo keine sind.

Zu alt um Angst zu haben. Ich weiß jetzt
dass du mir weniger wirklich bist wenn ich dich nicht
fassen kann.
Ich werde kein Haus
voller Geister sein, wenn ich sehen kann …
Ich sing dir hier, ich sing dir jetzt,
Ich weiß jetzt dass ich weniger real bin
wenn du nicht in der Nähe bist.

Wenn du in die Nacht hinausläufst,
greifst du nach Dunkelheit,
nach jener äußeren Liebe:
Lass mich die Augen wechseln und das
Grün in der Mitte sein.
Wie eine Eidechse die ihren Schwanz behält,
Ich kam und wusste nicht dass etwas
genommen werden könnte.

The sun has gone above and over
the roof. All is fire and red,
under the cloak of sunset.
I will look for you with that singing
in my throat,
in the undertow that is beautiful.

A wave will snatch you from the cliffs
where you will remain, stranded,
a small distracted soul.
I am the lighthouse,
the siren,
my long hair covering my breasts.

Die Sonne ist übers Dach gegangen und steht über
dem Dach. Alles ist Feuer und rot,
unter dem Mantel des Sonnenuntergangs.
Ich werde dich suchen mit jenem Singen
in meiner Kehle,
im Sog der herrlich ist.

Eine Welle wird dich von der Klippe reißen
wo du bleiben wirst, gestrandet,
eine kleine beunruhigte Seele.
Ich bin der Leuchtturm,
die Sirene,
mein langes Haar verdeckt meine Brüste.

VI. BACK TO THE EARTH WITH FEATHERS

VI. ZURÜCK ZUR ERDE MIT FEDERN

SAVING SNAILS

As I walk up the path when the sun is just rising,
a festival of snails with their perfect white shells

meets me half way.

I will place little altars of serenity and grass
To aim them towards the open field, knowing that

By the time the sun is high,

As is their fate, they will be crushed by trespassers.

RETTUNG DER SCHNECKEN

Wie ich den Pfad hinauflaufe und eben die Sonne aufgeht,
Begegnet mir eine festliche Schar von Schnecken mit
ihren ganz weißen Häuschen
Auf halbem Weg.

Ich platziere kleine Altäre aus Gelassenheit und Gras
Um sie in Richtung des freien Felds zu lenken, da ich
weiß dass sie
Wenn die Sonne oben ist,

Wie es ihr Schicksal ist, von Unbefugten zerdrückt werden.

A WOMAN OF GRANTED ROOTS

riding amber acorns wild
amid yellow autumn change,

easy folded browns that
waste in full perfection,

while warm and rotted underground
forest limbs are resting.

Golden bones of squirrels
gnawed by bare-teethed gnomes

unshackled virtues—violets and mint!
Nothing milky soft the armpit,

ripe the belly, chestnut hair a bridle
for zealous wintry winds.

White and greedy ermines on her shed:
voluptuous fur!

No knight to lift his sword or woo
a woman thus embalmed.

reitend wilde Bernsteineicheln
mitten im gelben Wandel des Herbsts.

leichte gefaltete Braun die
in voller Makellosigkeit verkümmern,

während unter dem Boden warm und verfault
die Waldwurzeln ruhen.

Goldene Knochen der Eichhörnchen
genagt von zähnefletschenden Zwergen

entfesselte Tugenden – Veilchen und Minze!
Nichts Milchiges weich in der Achselhöhle,

reif der Bauch, Kastanienhaare ein Zaum
für beflissene Winterwinde.

Weiße und gierige Hermeline in ihrem Schuppen:
wollüstiger Pelz!

Kein Ritter um sein Schwert zu heben oder zu umwerben
eine so einbalsamierte Frau.

FROM THE CLOUD

She knew she would come back to earth with feathers,
flowing brilliant white
in a radiance of corn-flower's blue.
The cloud
alone, lit from within—
with no forceful wind
to drive
its triptych of color and glow.
A vendor of seeds
or a handsome toreador
might steal her heart, then ask for more
than she could give:

An opening of wings, a shattering!

AUS DER WOLKE

Sie wusste dass sie mit Gefieder auf die Erde zurückkehren würde,
gleitend in weißem Glanz
leuchtend im Kornblumenblau.
Die Wolke
allein, beleuchtet von innen –
ohne kräftigen Wind
um zu verwehen
ihr Triptychon von Farben und Glut.
Ein Samenhändler
oder ein stattlicher Stierkämpfer
könnte ihr Herz stehlen, dann mehr verlangen
als sie geben könnte:

Ein Ausbreiten der Flügel, ein Zusammenbruch.

MAKING THIS HEAVY ROCK A PLACE

There are no seams
to come
undone.
The rock is solid.
Rooted
trees and ivy leaves
curl
around gray stone,
throwing away
the light
of the moment
in its own flare.

The bird comes home
dragging its own
infinity
into the core
of the wall.
She sits behind
geraniums,
whiffs of jasmine
in mid air.

AUS DIESEM SCHWEREN FELS EIN ZUHAUSE MACHEN

Es gibt keine Nähte
die
platzen.
Der Fels ist fest.
Verwurzelte
Bäume und Efeublätter
ringeln
sich um grauen Stein,
und werfen fort
das Licht
des Augenblicks
in seinem eigenen Leuchten.

Der Vogel kommt nach Hause
und schleppt seine eigene
Unendlichkeit
ins Innere
der Mauer.
Sie sitzt hinter den
Geranien,
ein Hauch von Jasmin
mitten in der Luft.

Beyond the last thought
a foreign song rises
from under the mountain.
The wind moves
slowly
in her forested mind.
It holds her true
to any man's
request, not another
weeping woman
pining for
death!

Hinter dem letzten Gedanken
kommt ein fremdes Lied
unter dem Berg hervor.
Der Wind bewegt sich
langsam
in ihrem bewaldeten Geist.
Er macht sie treu
gegen jedes Mannes
Wunsch, nicht noch eine
weinende Frau
die sich sehnt nach dem
Tod!

BIRD OF THE FALL

Lay back,
bird of the fall.
Spread your bruised wing
and forget.

The little light is out
above the iron bed.
A lark's
two piercing notes
answer
the abysmal void

& cling to the cold lost embryo we were

long before we met
as brides of autumn.

HERBSTVOGEL

Sitz still,
Vogel des Herbsts.
Spann deine verletzten Flügel aus
und vergesse.

Das kleine Licht brennt nicht
über der eisernen Bettstatt.
Eine Lerche
mit zwei grellen Tönen
gibt Antwort auf
die entsetzliche Leere

& klammert sich an die kalten verlorenen Embryonen die
wir waren
lange bevor wir uns trafen
als Bräute des Herbsts.

THIS IS JOY

White tower against old mountains:
the sound of a horn as a sound of farewell,
serene, final…

White tower against shadowy night:
the mind washed out as the clean moon
across the sky…

White tower against wide open meadows:
Let me sleep on your lap and rest my cheek

in your open hand…

White tower against silvery mountains:
Throw about the light in a game of catch
without the madness of space…

White tower against sunset mountains:
In the soft, sunny vine weaving its stalks,
this blazing beam of joy is yours is mine…

DAS IST FREUDE

Ein weißer Turm vor alten Bergen:
der Ton eines Horns als Ton des Abschieds,
heiter, endgültig …

Ein weißer Turm vor den Schatten der Nacht:
das Hirn ausgewaschen wie der saubere Mond
am Himmel …

Ein weißer Turm vor weit offenen Wiesen:
Lass mich auf deinem Schoß schlafen und meine Wange
ausruhen
in deiner offenen Hand …

Ein weißer Turm vor silbernen Bergen:
Wirf das Licht umher in einem Fangspiel
ohne den Wahnsinn aus dem All …

Ein weißer Turm vor Bergen bei Sonnenuntergang:
in der weichen, sonnigen Rebe verflechten sich die Stiele,
dieser brennende Strahl der Freude gehört dir gehört mir …

ROSE-FISH

Could I but let go of the years of peace that came before,

as a sailor must, passing foreign lands,
forget the shore—

watching the antics of a rose-fish deep down where no sound
nor wind is heard, as a pearl
in the dark unstirred core—

had I followed the tiny paw prints in the sand,
not after the crying reached me
year after year—.

Have I shut my empty suitcase around an empty star,

adrift, aglow, and strong where
most fragile it is a star—

with lips as eager clap-traps nibbling at love, devoured

the stem, we live for the dead
who die if we die

but live, if we live, again.

DER ROTBARSCH

Könnte ich doch die Friedensjahre die vorher kamen
loswerden,
wie, an fremden Ländern vorbei, der Seemann
das Ufer vergessen muss –

betrachtend die Eskapaden eines Rotbarschs tief unten wo kein
Ton
auch kein Wind zu hören ist, wie eine Perle
im dunkeln unbewegten Innern –

wäre ich der Spur der winzigen Pfoten im Sand gefolgt,
nicht nachdem das Heulen mich erreichte
Jahr für Jahr –.

Habe ich meinen leeren Koffer um einen leeren Stern
geschlossen,
treibend, glühend, und stark wo
sehr zerbrechlich es ein Stern ist –

mit Lippen so gierig nach Geschwätz das an der Liebe
knabbert, verschlingend
den Stängel, wir leben für die Toten
die sterben wenn wir sterben

aber leben, wenn wir leben, nochmals.

Summer 2008

The bird sings to the rich earth,
summer glittering made new,
consuming slender clouds.
Crickets orchestrate their hiding,
a welcome constancy.

On the steep path between apple trees
I follow you.
How can love be easier from afar?
Shafts of light cascading,
pristine vineyards sprawl
beneath the shadow.

Mountain ripples amber and stone,
a wilderness, growing within,
which no wall of hard rock can uphold.
Night moths cling to my curtains,
silent, and through the grape-leaves
the moon.

DIE ENTLEHNTEN GERANIEN

Sommer 2008

Der Vogel besingt die reichhaltige Erde,
neu entfacht ist der Sommerglanz,
verschlingend dünne Wolken.
Die Grillen orchestrieren ihr Versteck,
eine willkommene Konstanz.

Auf dem steilen Pfad zwischen Apfelbäumen
folge ich dir.
Wie kann die Liebe aus der Ferne leichter sein?
Lichtwellen stürzen nieder,
makellose Rebberge breiten
sich im Schatten aus.

Der Berg kräuselt Bernstein und Fels,
eine Wildnis, wachsend von innen,
die keine Mauer aus hartem Stein bewahren kann.
Nachtfalter halten sich an meinen Gardinen fest,
stumm, und durch das Rebenlaub
der Mond.

Granted a paradise humanly near,
unbearable the pain to forsake it
for something more dear,
the soul centred on a smaller life:
A greenness so tender in the tides
of the sun. Three pillars

on Confucius' mountain stand erect.
Swallows at dusk.
My song will be the nightingale,
tandaradei, a candle lit in the chapel,
to keep our loved ones.
Most frail, the pale glow, the armour
of leaves that shield the heart.

Gegeben ein menschlich nahes Paradies,
unerträglich der Schmerz es zu verlassen
für etwas mehr Geschätztes,
die Seele konzentriert sich auf ein geringeres Leben:
Ein Grün so zart im Wandel
der Sonne. Drei Säulen

stehen aufrecht auf dem Konfuzius-Berg
Die Schwalben in der Dämmerung.
Mein Lied wird sein das der Nachtigall,
tandaradei, eine Kerze angezündet in der Kapelle,
um unsere Lieben zu erhalten.
Ganz schwach das bleiche Glimmern, die Rüstung
aus Blättern die das Herz beschützt.

DARING LIGHT

for Barbara

Amber swept away
by rivers of lava,
the seed is born
in the obscure womb
and the Valkyrie
intones her song.

The hand glows
slender and branded,
offering the present
its ample gift
of a solemn embrace—
overwhelming
and so often bitter.

Turgid and tenuous,
the shadow wanders
and flows
in amorous dances
(eternally restless)
that blue time,
an exiled body reborn
light and vain.

KÜHNES LICHT

für Barbara

Bernstein weggerissen
von Lavaströmen.
der Samen wird geboren
im dunklen Schoß
und die Walküre
stimmt ihr Lied an.

Die Hand leuchtet
schlank und gebrandmarkt,
und bietet der Gegenwart
ihre reiche Gabe
einer feierlichen Umarmung –
überwältigend
und oft so bitter.

Geschwollen und dürftig,
wandert der Schatten
und fließt
in amouröse Tänze
(ruhelos ewiglich)
jene verschwommene Zeit,
ein verbannter Körper neugeboren
leicht und eitel.

From the earth
the clear darkness,
from the grain
the heavy growing
arduous and filled
with hope—a gift
without deferring
fate—and a voluptuous
sigh.

The delicate zephyr
melts springs away.
You have gathered
spheres and brightened
souls, absorbed
in their secrets.

You are the tower
facing mine,
and between the two
we build a wake
diaphanous and
everlasting,
a bridge of pearls
that fade at sunset.
You
are the gleam of dawn.

Aus der Erde
die klare Dunkelheit,
vom Korn
der starke Wuchs
mühsam und erfüllt
von Hoffnung – eine Gabe
ohne Aufschub
des Schicksals – und ein wollüstiges
Seufzen.

Der zarte Zephir
schmilzt den Frühling hinweg.
Du sammeltest
Kugeln und erhelltest
Seelen, die vertieft waren
in ihre Geheimnisse.

Du bist der Turm
dem meinen gegenüber,
und zwischen den beiden
bauen wir ein Erwachen
das durchsichtig und
immerwährend ist,
eine Brücke aus Perlen
die bei Sonnenuntergang verblassen.
Du
bist der Glanz des Sonnenaufgangs.

THE WILD ANEMONE

I call it the daring
flower its softness its

pallor so little suggesting
the strength with which

it fights the wind its
petals so delicate it

seems a touch would wither
them yet they'll outlast a

three-day storm and will
outlast I think [and now

I speak to her] the tempests
that a foolish heart invents

to plague itself because
it hardly dares to love

the wild anemone
the daring flower.

DIE WILDE ANEMONE

Ich nenne sie die kühne
Blume, ihre Sanftheit ihre

Blässe deutet so wenig
auf die Kraft mit der sie

den Wind bekämpft ihre
Blütenblätter sind so zart

dass es scheint eine Berührung würde sie
verwelken doch sie überleben einen

dreitägigen Sturm und werden
überdauern denke ich [und jetzt

spreche ich zu ihr] die Unwetter
die ein albernes Herz erfindet

sich selber quälend weil
es kaum wagt zu lieben

die wilde Anemone
die kühne Blume.

THE MASK

Slithering ivy over the bronze mask
on the garden wall,
its leaves growing from my mouth
for words better left unsaid,
red in the autumn glow soon to be
winter dead.
Rain tears from hollow eyes
gliding on frozen cheeks
as memories hold on to rippled grooves,
the furrows of my face
thus buried before my time.
Seasons to torment the passing years,
seasons out of season,
fight the whirlpools of a rigid soul.
May your hand caress this cold bronze face
when I'm no more
and from the blue black sky
I'll shower you with stars and light—
one by one, to fill your heart
and linger on your brow,
seduced and replenished by etched shadows
falling falling inside you
like a golden bough.

DIE MASKE

Kriechender Efeu über der Maske aus Bronze
an der Gartenmauer,
seine Blätter wachsen aus meinem Mund
statt Wörtern die besser unausgesprochen bleiben,
rot im herbstlichen Leuchten um bald
wintertot zu sein.
Regentränen aus hohlen Augen
rieseln über gefrorene Wangen
wie Erinnerungen sich an gewellte Rillen klammern,
die Furchen meines Gesichts
sind somit vor meiner Zeit begraben.
Jahreszeiten zum Foltern der vergehenden Jahre.
Jahreszeiten zur Unzeit,
bekämpfen die Wirbel einer starren Seele.
Lasst eure Hände dieses kalte Bronzegesicht streicheln
wenn es mich nicht mehr gibt
und ich euch aus blauschwarzem Himmel
mit Sternen und Licht begieße –
eins nach dem andern, um eure Herzen zu füllen
und auf eurer Stirn zu verweilen,
verführt und ergänzt von geätzten Schatten
herabfallend in eurer Inneres
wie ein goldener Zweig.

Patrizia de Rachewiltz, ein erstaunliches lyrisches Talent, Übersetzerin ins Italienische und Sprachlehrerin, geboren 1950, ist die Enkelin des Dichters der *Cantos* Ezra Pound. Sie war acht Jahre alt, als Ezra Pound nach der Entlassung aus der Klinik in Washington auf die Brunnenburg in Südtirol kam, auf der sie aufgewachsen ist. Im ergreifenden Gedicht „Sommer 1958", veröffentlicht in *Mein Taishan*, hat sie ihre Gefühle bei der ersten Begegnung mit ihrem Großvater und die Trauer über dessen späteres Verstummen festgehalten.

Wie in *Mein Taishan* handeln die meisten Gedichte in den *Übertretungen* von der Suche nach Liebe, vom Wunsch nach Nähe und Geborgenheit, von einem irdischen Paradies. Sie sind eingebettet in „die grüne Welt", in Wind, Wasser und Meer sowie in das Licht von Sonne, Mond und Sternen. Es tut sich darin aber auch mancher Abgrund auf.

Das Eröffnungsgedicht, „Die Krümelprinzessin", erinnert an den Besuch der Teilnehmer der Ezra Pound-Tagung in Venedig 2007 in dem kleinen Haus an der Calle Querini, das Olga Rudge (1895–1996) von ihrem Vater bekommen hatte, und in dem sie Ezra Pound bis zu seinem Tod 1972 aufopfernd betreute. Ihren Großvater sieht die Dichterin noch immer als „die lange Gestalt mit seinem Stock". Mit der Krümelprinzessin meint sie wohl ihre Mutter, Mary de Rachewiltz, die sich jetzt, da ihr Vater und Mentor tot ist, mit Krümeln begnügen muss.

Mary de Rachewiltz tritt auch in dem ihr gewidmeten Gedicht „Wieder ruhiger" auf, und zwar als kluge Schlossherrin, die dafür sorgt, dass alle Bewohner stressfrei neben- und miteinander leben können. Vor der Mutter selbst erstreckt sich der weite Sommerhimmel. In ihrer Seele erneuert sich eine Abfolge antiker Verse und der langsam fließende Fluss spricht vom geliebten Dichter und Vater. Die Grille kommt im Sommerschlaf zu ihr und liebt sie. Am Ende des Gedichtes steht die Hoffnung auf einen Neuanfang (*Make It New* sagt man dazu seit Pound) durch ein starkes Gedächtnis. Das Gedicht „Die Strände von Agami" widmet Patrizia de Rachewiltz ihrem Vater, dem Ägyptologen Boris von Rachewiltz (1926–1997).

Von den übrigen Gedichten bedürfen lediglich einige wenige eines Kommentars. So spielt in „Numinoser Nachtschatten" und „Madrigal" die spanische Stadt Salamanca eine Rolle. Dort, so träumte es der Autorin, fand ihr früheres Leben statt. Sie ruft den nicht namentlich genannten Dichter dieser Stadt an sowie zwei Königinnen, Johanna die Wahnsinnige („Joana la loca" [1479–1555]) und deren Mutter („Isabella de Castile" [1451–1504]), die nie selbst regiert haben. Im Nachtschatten-Gedicht stoßen wir zudem auf den Namen Konfuzius. Die im Gedicht erwähnten drei Münzen braucht man, wenn man *I Ging: Das Buch der Wandlungen* zum Wahrsagen verwendet, wie dies Olga Rudge, Patrizias Großmutter, täglich getan hat. Konfuzius war aber nicht etwa der Autor des Buches. Er soll jedoch gesagt haben, dass die Gescheiterten nicht dauernd „blutige Tränen" vergießen dürften.

Mit der „Kathedrale mit vielen Pfeilern" ist der hochgotische Bau in 's-Hertogenbosch gemeint, dem niederländischen Wohnort der Dichterin. „bois le duc" nennen die Franzosen den Maler Hieronymus Bosch, der aus ebendieser Stadt stammt. In „Madrigal" sind es die Gräuel der Stierkämpfe, die zu einer Vision der Verstümmelung des menschlichen Körpers führen.

Im mit „Canto" überschriebenen Gedicht treffen wir auf den rumänischen Bildhauer Konstantin Brancusi (1876–

1957): „Brancusis Baumstrunk wird zu Licht". Diese Stelle ist fern verwandt mit Pounds Versen in den *Letzten Texten*: „Brancusis Vogel / in der Höhlung von Föhrenstämmen" (Übersetzung von Eva Hesse). In diesem Zusammenhang sei erwähnt, dass sich insbesondere das Nachtschatten-Gedicht in seiner Struktur an Pounds ideogrammatische Methode der Anhäufung analoger, zusammenklingender Einzelheiten anlehnt.

Walter Baumann

Boris de Rachewiltz (1926–1997), der Vater

Siegfried de Rachewiltz (Bruder), Mary de Rachewiltz (Mutter), Patrizia de Rachewiltz

Patrizia bei den drei Säulen in Tschengls (Südtirol), feierliche Einweihung 2015

Patrizias Design für die amerikanische Ausgabe von *Trespassing* UNO Press, 2011

Die Autorin widmete die amerikanische Ausgabe ihren beiden Söhnen, Demian und Cyril

Die Brunnenburg bei Meran, wo die Autorin aufgewachsen ist

Inhalt

Die Autorin

Patrizia de Rachewiltz, geboren 1950 in Meran, lebt in den Niederlanden. Ihre sprachliche Heimat ist das Englische, obwohl sie in Süd-tirol mit dem Deutschen und Italienischen aufgewachsen ist. Ihre tiefschürfende Lyrik ist mit der angloamerikanischen Bekenntnisdichtung verwandt. Sie befolgt aber auch die Grundregeln des Imagismus, die auf ihren Großvater Ezra Pound zurückgehen.